Můj život

Ivana Nikulin

MŮJ ŽIVOT

COPYRIGHT © 2025

Printed in the United States of America

Dedication

Tuto knihu věnuji Janovi Kohoutu, profesionálnímu tanečníkovi, který měl největší vliv na můj život. Děkuji ti, Jane, za tvou tvrdou práci a za to, jak se teď cítím. Děkuji ti, že mě činíš šťastnou ve stáří, šťastnější, než bych si kdy dokázala představit. A za to, že jsem dospěla k závěru, že dokonalí muži opravdu existují! Ale ty jsi zatím jediný. Preji Ti v zivote vše nejlepší!

Table of Contents

ÚVOD

Tato kniha je memoárem imigrantky, která v roce 1981 emigrovala z bývalého Československa do Kanady.Zároveň je to obraz života ve druhé polovině minulého století, a to jak v Kanadě, tak v zemích za železnou oponou v Evropě. Těžké chvíle emigrace a odměna za odvahu nechat vše za sebou a začít od nuly.

Tato kniha vznikala postupně.

Tuto knihu věnuji Honzovi Kohoutovi k jeho 40. narozeninám. Měl na můj život největší vliv.

Všechno nejlepší, Honzo. Přeji ti úspěch ve všem, co děláš a budeš dělat. Zasloužíš si to jako nikdo jiný! A hlavně pevné zdraví!Máš velké srdce, obětuješ se pro druhé i přes vlastní nepohodlí a kéž ti Bůh pomáhá ve všech tvých činech!

Výtěžek z prodeje této knihy je věnován útulku pro kočky. Kočky hrají v mém životě také významnou roli, i když o nich kvůli bolesti z určitých událostí nemohu psát.

V této knize objevíte čtyři osobní vzory, které obdivuji a které měly a stále mají velký vliv na můj život

Jmenovitě:

Jan Kohout, MartaKubišová, Karel Gott, Waldemar Matuška

 ...a všechny kočky, které jsem v životě měla...Děkuji vám všem.

Ivana Nikulinová

RODIČE A PRARODIČE

Dalo by se říci, že pocházím z učitelské rodiny.

Můj dědeček (otec mé matky) byl ředitelem školy v Mladé Boleslavi, moje babička (maminčina matka) byla učitelka, její sestra byla také ředitelkou školy. Moje matka učila angličtinu na ministerstvu vnitra. Učila špiony anglicky.

Great Grandparents from paternal side

Zjistila jsem to až dlouho poté, co se věci v naší zemi změnily a mohli jsme spolu svobodně mluvit. Ale dlouho mi bylo divné, proč komunisté zaplatili mé matce studium na Oxfordu, když to bylo tak drahé.

Ani já jsem nechápala, proč moje matka zamykala dokumenty k překladu doma v kuchyni, když nikdo z nás stejně nemluvil anglicky. Přeložila spisy CIA poté, co byl Kennedy zavražděn. Řekla, že pravda vyjde najevo v příštím století, a měla pravdu. Nám, dětem, to ani neřekla, ale i tak znala pravdu.

Matka mé babičky (z matčiny strany) byla porodní asistentka. Její manžel zemřel předčasně, a tak se o své 2 dcery se musela starat sama a zvládla to na jedničku. Můžu tedy říci, že i něco ze zdravotnictví máme v naší rodině...

My Mother, Vlastimila

Můj otec byl zpěvák a hudebník, hrál na housle a zpíval v Státním souboru Písní a tanců a cestoval s nimi po celém světě, k velké nelibosti mé matky, která byla mezitím sama doma se čtyřmi dětmi. Říkával, že s nimi kdysi zpíval i Waldemar Matuška... Ale pamatuji si, že můj otec také zpíval i v divadle, myslim v Hubičce. Na cestě do Číny dostal ošklivou žloutenku, ze které se 5 let zotavoval přísnou dietou... Na naléhání mé matky odešel ze zaměstnání, vyhověl jejímu přání. Ale už nikdy nebyl šťastný. Začal pracovat pro plynárnu v Praze a jediné, co z toho vzešlo, bylo, že po rozvodu s maminkou dostal od nich firemní byt přímo v jejich sídle na Národní třídě 38 v centru Prahy poté, co se s mou matkou rozvedli.

3

V té době mi bylo asi 16 let. Otec u nich pracoval až do svého odchodu do důchodu. Po revoluci se dostal do nemocnice právě ve chvíli, kdy byli všichni obyvatelé domu č. 38 vystěhováni na okraj Prahy, aby mohl být dům zrekonstruován. Poté se měli obyvatelé nastěhovat zpět, ale nikomu se to nepodařilo – každý z vedení si byty zabral pro sebe a původní obyvatelé zůstali na okraji Prahy. Mezitím otec zemřel přímo v nemocnici, takže se toho už nedožil.

My Father

Otec Karel

O rodině mého otce toho nevím tolik jako o rodině mé matky. Vím, že v otcově rodině všichni hráli na nějaký hudební nástroj – mám fotografii, na které hrají jako kvarteto. Otec mého otce (můj dědeček) zemřel tři roky před mým narozením, takže jsem ho osobně vůbec neznala. Naposledy jsem byla v Mladé Boleslavi na dovolené, když mi bylo třináct, u babičky. Pamatuji si, že často dělala borůvkový koláč – strašně sladký...

V Mladé Boleslavi bydlela maminka v prestižní části centra, tatínek v chudší čtvrti přímo naproti kasárnám. Pravděpodobně se potkali, když byli oba na střední škole – jejich školy byly hned vedle sebe a museli se tam potkávat každý den.

Nikdy jsem nehledala žádnou verzi, proč se rodiče po svatbě přestěhovali do Prahy, ale nabídla mi ji přímo Fanynka, jejíž maminka dělala babičce hospodyni.

Zřejmě moje matka otěhotněla, teprve pak byla svatba, když už byla ve třetím měsíci těhotenství, a aby to nikdo nevěděl, přestěhovali se do Prahy. V té době bylo nepřijatelné mít sex před svatbou. Pak přišli s novorozeným dítětem a nikdo pak nezkoumal, kdy se dítě narodilo. Jsem jedno ze čtyř dětí a všichni jsme se narodili v Praze. Rodiče nejprve bydleli na Vinohradech v Kouřimské ulici nedaleko Lobkovického náměstí, naproti hřbitovům, ale když jsem se měla narodit já, přestěhovali se do vily ve Strašnicích, kde jsem strávila dětství až do svých 15 let.

Matka mého manžela žila vetšinu života sama,

nejprve sama s Kostou jako dítětem, pak úplně sama.

Mother in law Valerie

Během druhé světové války sloužila v námořnictvu a byla v té době umístěna v Sevastopolu na Krymu. Tam potkala svého budoucího manžela. Po válce se vzali a žili s jeho matkou v městě Pjatigorsk, na jihu

Ruska. To je místo, kde se narodil můj manžel Kosta. Když mu byly asi 4 roky, rozvedli se. Tchyně ji doslova vyhodila z jejich domu a její manžel si stál na straně matky. Poté přišla s Kostou do města Soči. Zpočátku neměli kde bydlet, měli pouze skládací lehátka na spaní.

Spali venku na volném prostranství na dvoře obytného komplexu, odděleni od veřejného pohledu jen nějakou dekou pověšenou na provazu. Po několika měsících dostali nějaký pokoj ve společném domě s toaletami mimo budovu a bez tekoucí vody. Museli používat sdílené sprchy a turecké záchody v samostatné budově. I když jejich podmínky byly daleko od ideálních, pomohli další příbuzné, Kostově sestřenici, aby s nimi bydlela. Také se oddělila od svého manžela a neměla žádné místo na bydlení. V té malé místnosti byly dvě postele a v noci rozkládali skládací lehátko, aby Kosta měl na čem spát. Tak to bylo i když jsem se s Kostou setkala. Nikdo nemůže říct, že jsem se vdala pro peníze. Myli si ruce na chodbě, kde měli širokou mísu s vodou, přinesenou zvenčí. Ale vařili lahodná jídla, kupovali produkty z místních trhů od farmářů. Velmi drahé, ale nikdy neměli žádné lítosti utratit peníze za dobré jídlo. V obchodech řízených vládou nebylo co koupit, jen mrkev, cibuli a stracné brambory. Ve srovnání se střední Evropou, kde jsem žila, to tam vypadalo jako ve středověku.

RANÉ DĚTSTVÍ

Narodila jsem se jako čtvrté dítě v rodině. Nejstarší byl můj bratr Milan (o 10 let starší než já), pak sestra Dana (o 6 let starší) a sestra Alena (o 3 roky starší). Táta říkal, že čekali dalšího kluka, aby měli dva kluky a dvě holky, ale narodila jsem se já – třetí dívka. Dodal také, že jsem byla jiná než ostatní sourozenci – všichni byli blonďatí, zatímco já měla zrzavé, světle hnědé vlasy. Ale když jsem začala zpívat a ve škole si ihned všimli, že mám jasný a pěkný hlas, táta uznal, že musím být jeho, i když nejsem blondýna.

Ivana

Moje nejranější vzpomínky sahají do doby, kdy mi byly asi 3 roky, kdy mě táta vodil do školky. Cestou jsem začala plakat, protože jsem tam nechtěla, a když jsme dorazili, už jsem plakala nahlas. Chtěla jsem, aby mě tam vodila maminka, ale ta pracovala daleko a musela dojíždět, takže to dělal táta. Dlouho to ale netrvalo. Nejedla jsem tam, dokonce jsem ve školce zvracela, a tak mě museli odhlásit a předali mě do péče babičky, která ještě bydlela na Vinohradech.

U babičky jsem byla šťastná – chodily jsme společně krmit veverky a věnovala mi veškerý svůj čas, což bylo přesně to, co jsem chtěla. Ve školce jsem byla nejmenší a nejslabší – narodila jsem se v srpnu, takže jsem měla nastoupit v září, zatímco ostatní děti byly skoro o rok starší a silnější. Když jsme šli ven, ostatní mě odstrkovali od hraček a někdy na mě nic nezbylo. Stála jsem tam a brečela, a učitelky si mě vůbec nevšímaly. Povídaly si mezi sebou a o děti se nestaraly. Takové prostředí jsem považovala za naprosto nepřijatelné.

Dodnes si pamatuji jeden šokující zážitek ve školní jídelně. Dostali jsme chleba s máslem a teplé mléko – obojí nesnáším. Pak se ptali, kdo chce přídavek. Nevěděla jsem, co to znamená, myslela jsem, že dostanu něco jiného, tak jsem zvedla ruku. Přinesli mi další chleba s máslem. Řekla jsem, že to nechci, ale oni mě donutili tam sedět tak dlouho, dokud to nesním. Chtěla jsem jít ven, tak jsem to snědla – a pak jsem zvracela. Od té doby jsem zvracela pravidelně a drasticky hubla, až doktor zavolal mamince, že mě musí z té školky vzít pryč.

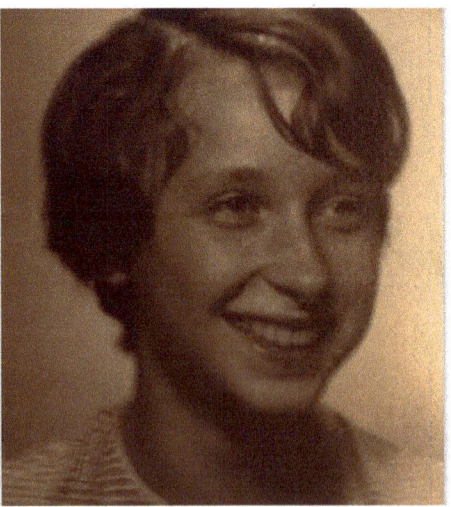

Od té doby jsem byla s babičkou a i do první třídy mě vozila na starou školu do Strašnic, než postavili novou u nás na ulici. Pak jsem chodila s mými sestrami. Bratr, který je o 10 let starší, šel po osmé třídě na veterinární školu do Kroměříže, takže v mém dětství vůbec nefiguroval, jen sestry. Vždycky jsem si lépe rozuměla se starší sestrou (o 6 let starší). Ta nejbližší věkově mi ubližovala – nechtěla mi půjčit kočárek na panenky, schválně mi ostříhala vlasy, i když jsem si je chtěla nechat růst apod. Přenesla si to i do dospělosti, je to pořád stejné.

Už jako dítě jsem měla pocit, že jsem jiná. Nechtěla jsem si hrát s někým, kdo mi všechno vzal nebo mě jen předstíraně považoval za kamarádku. Přátele si vybírám velmi pečlivě. Mám jen tolik přátel, kolik je třeba, aby to byli dobří lidé. Méně je někdy více – alespoň v tomto případě.

Ale až po emigraci jsem si uvědomila, že jsem vlastně „snášenlivá" a že umím dobře vycházet s různými národnostmi i vírami. V bance, kde jsem pracovala 23 let, jsem prošla téměř všemi odděleními a poznala různé kultury a zvyklosti. Obohatilo mě to a zjistila jsem, že dobří lidé jsou všude. Zaujalo mě, co je pro různé národy prioritou – například ohleduplnost byla až neuvěřitelná. Snažili se si vyhovět a neubližovat si. Takový život se mi líbil.

Zpočátku jsem si myslela, že bychom se měli jako Evropané držet pohromadě, ale postupně jsem začala hodnotit lidi podle charakteru, ne podle národnosti. Nejvíce mě šokovala jedna Srbka a Chorvatka – obě se chovaly nečestně, přestože patřily ke slovanským národům nám blízkým. Srbka veřejně lhala i v manažerské pozici a Chorvatka mi záviděla druhou práci v realitách a chtěla mě z jedné pozice vytlačit tím, že nahlásila konflikt zájmů. Musela jsem se bránit a nakonec jsem zvítězila, ale chuť poznat tuto národnost mě přešla.

Jedna kolegyně z Iráku mě také zklamala – hledala jsem pro ni dům, ukázala jí 16 nemovitostí, a pak koupila jednu přes jiného agenta, aniž mi to řekla. Nic jsem jí neprovedla.

Naopak skvělá byla kolegyně z Indie – Biro Bassi. Koupila ode mě dva domy a vždy byla férová. Podobně kolegyně z Argentiny – krásná Španělka, byla mou inspirací.

Manažerka ze Skotska byla výborná, ale špatně jsem rozuměla jejímu přízvuku. Těšila jsem se na naše pracovní schůzky – každý donesl něco ze své kuchyně a poznala jsem světové chutě. Nejvíce mi chutnal rumový dort od kolegyně z Guyany.

Chtěla jsem tím vším jen ukázat, jak důležité je rané dětství a jak formuje náš přístup k lidem a situacím. Česká republika není střed světa, jak si někteří myslí – dobré nápady existují i jinde. A dobří lidé žijí všude... A nejlépe se cítím tam, kde mi nikdo neubližuje.

Mám i špatnou zkušenost s porodem v Česku. Při prvním porodu jsem ztratila hodně krve. Sestra mi ráno řekla, že musím sama na toaletu. Řekla jsem, že nemám sílu, ale odešla. Vstala jsem, omdlela a udeřila se. Pak mě sestra vzala, ale dívala se na mě jako na problémového pacienta.

U druhého porodu jsem přijela do porodnice v půl čtvrté ráno. Sestra se na mě obořila: „Zrovna jsem si chtěla lehnout... nechte to ještě, musím si umýt ruce!" Takové chování jsem nikdy v zahraničí nezažila – a proto mi tam bylo lépe. Opravdu.

MLÁDÍ

V mládí jsem do svých 15 let žila v Praze ve Strašnicích. Když jsem šla do deváté třídy, přestěhovali jsme se na pomezí Vinohrad a Žižkova, do Husinecké ulice. Poté jsem chodila přes Italskou ulici do gymnázia na Mírovém náměstí.

Teď s láskou vzpomínám, jak si můj otec dělal starosti, jak mě emocionálně ovlivní, když v posledním ročníku školy změním přátele a spolužáky – zatímco matce to bylo úplně jedno. Ani o tom nepřemýšlela.

Bylo nutné vzít k nám babičku a tetu (její maminku a sestru), protože jim oběma bylo přes 80 let a samy už život nezvládaly.

A tak jsme vyměnili dva apartmány za jeden větší a vzali je k sobě.

Můj otec byl v tomto ohledu vždy citlivější a já jsem si k němu vytvořila mnohem silnější vztah než k matce. Také proto, že nikdy nebyla doma, pracovala až v Ruzyni a ze Strašnic to bylo víc než hodinu tramvají. Vždycky jsme měli doma instrukce, kdo má co udělat, nakoupit , uvařit a ona přišla až v 19 hodin. Když jsem si s ní chtěla promluvit, vždycky mě odstrčila se slovy: "Musím si naplánovat zítřek do školy a nemám čas si povídat."

Boarding School
First on the left, age 16

Pamatuji si, že jednoho dne, když přišla večer domů, běželi jsme k ní nadšení, že máme maminku zase doma. Ona šla do koupelny umýt si ruce a tatínek šel za ní – začali si povídat. Maminka dokonce zamkla dveře do koupelny, abychom za nimi nemohli. To já bych svým dětem nikdy neudělala.

Babička s tetou pak brzy zemřely, rodiče se rozvedli, tatínek se odstěhoval a maminka vyměnila velký byt za menší. Zůstaly jsme tam jen my tři – maminka, sestra a já. Druhá sestra se mezitím vdala a přestěhovala za manželem na Smíchov. Brzy se vdala i ta druhá a zůstaly jsme jen my dvě.

Na konci deváté třídy jsem nevěděla, co dál, kam jít...

Můj otec se tím zabýval víc do hloubky. Všichni věděli, že nevím, co chci dělat – jen to, že se mi nechtělo studovat. Otec mi navrhl, že bych se mohla stát zahradnicí. Říkal, že by mě bavilo aranžovat květiny a podobné věci.

Měl naprostou pravdu – a dodnes si říkám, že jsem to měla udělat. Byla bych v životě šťastná…

Ale maminka řekla NE. „Ta holka nebude nikde zvedat žádnou těžkou zeminu," prohlásila – a poslala mě na zkoušky z oboru hodinář/zlatník. V té době měla v práci vztah se ženatým mužem (což jsem tehdy ještě netušila), a ten měl dceru, která už tenhle obor studovala o rok dřív.

Hned od začátku jsem věděla, že to byla chyba, potily se mi ruce a zanechávaly otisky na kovu, se kterým jsem pracovala. Měli jsme školu na 6 měsíců v internátě v Novém Městě nad Metují a 6 měsíců praxi v Praze. Byla jsem docela ráda, že jsem na internátě, protože doma se v té době rodiče neustále hádali, takže jsem raději byla pryč.

I když jsem přijela na víkend, nepřestávali se hádat a já se těšila, až se vrátím na internát.

Hned po ukončeni učebniho oboru jsem nastoupila na Gymnázium W. Piecka a překvapivě mě studium začalo bavit. Konečně jsem si začala vážit toho, že nemusím být ve svém starém oboru…

V té době už byli moji rodiče rozvedení.

Když mi bylo 15 let, chodila jsem do tanečních kurzů jako všichni ostatní v tom věku. Moc mě to bavilo, takže jsem pak pokračovala na „pokračovačky" a „speciálky". Maminka tam se mnou byla jako gardedáma jen jednou – chtěla vidět, jaké to tam je. Ale studovala na klíně VUML (večerní univerzitu marxismu-leninismu), a bylo zjevné, že ji vůbec nezajímalo, co se tam děje a jak se mi daří. Řekla jsem jí tedy, že se mnou chodit nemusí. Ulevilo se jí – a už nikdy nepřišla. Doma se věnovala studiu VUML.

Asi jsem byla příliš vybíravá na kluky, protože mě nikdo nezaujal natolik, abych se do něj zamilovala. Ano, když mi bylo asi šestnáct, jeden se mi ve škole líbil, ale už chodil s jinou dívkou… Pak dlouho nic. Pokaždé, když jsem šla tančit, někoho jsem potkala, ale už na druhém nebo třetím rande mi bylo jasné, že to není ono.

Až když mi bylo sedmnáct, zamilovala jsem se – během letních prázdnin roku 1967. Na koupališti v Českém Dubu jsem potkala kluka, který mě úplně ohromil. Když jsem ho uviděla, podlamovala se mi kolena. Styděla jsem se mu dát najevo, že se mi líbí, a navíc se kolem mě točil jeden idiot, takže si myslel, že už mám přítele. Přesto jsme si nějak vyměnili adresy.

Byl vojákem z povolání, ale bylo mu teprve devatenáct, takže studoval na důstojnické škole – v Nitře. Vůbec jsme se nevídali, jen jsme si psali. Byl úžasně vtipný, pořád se usmíval – a to byla tehdy v Československu naprosto neslýchaná věc. Snila jsem o tom, že je to ten, koho si jednou vezmu. Ve své naivitě jsem si myslela, že mu udělám radost tím, že až se vrátí z vojny, zůstanu pannou – jako důkaz, že jsem na něj čekala. (Teprve o mnoho let později, už jako dospělý a starší muž, mi přiznal, že by to vůbec neocenil – že nemá rád panny.)

Po studiích se vrátil do Plzně, odkud pocházel. Cestou se zastavil v Praze u mě. Šli jsme na nábřeží, drželi se za ruce, líbali se úplně všude pod mostem – a kdyby tam nechodili lidé, možná by došlo i na sex na veřejnosti. Po jeho návratu do Plzně uběhly tři týdny – a přestal psát. Nevěděla jsem proč, ale cítila jsem, že se něco děje.

V Plzni jsme měli šermířské závody (šermovala jsem závodně až do svých osmnácti let), a tak jsem ho překvapila – objevila jsem se u něj doma.

Když jsem zazvonila u dveří, vykoukla z okna nějaká tmavovlasá žena. Myslela jsem, že je to jeho sestra. Řekla mi, že přijde dolů… Přišel …

Políbili jsme se.

Líbali jsme se znovu a znovu jako blázni – a opět to skoro skončilo sexem na veřejném místě. Ale někdo chtěl jen jet výtahem… takže zase nic.

A pak mi – k mému naprostému úžasu – řekl, že se bude ženit.

Teď, ve stáří, tvrdí, že to tak skutečně bylo, ale mám pocit, že mi tehdy dokonce řekl, že už je ženatý. Byl to pro mě šok. Celou dobu jsem nic netušila.

Na koupališti v Českém Dubu se mezitím seznámil s jinou mladou ženou – učitelkou v mateřské školce, která tam chodila s dětmi. Byla o tři roky starší, zkušenější – a to bylo asi přesně to, co chtěl a pravděpodobně i potřeboval. Ona ho „uhnala", a když se k nim nastěhovala, jeho otec mu řekl, že tam s ní nemůže jen tak bydlet – že si ji musí vzít. A tak se také stalo.

Rozvedli se o pět let později, ale já jsem se to nedozvěděla – protože jsem s ním tehdy přerušila veškerý kontakt.

Ještě mi jednou psal, že jede do Prahy a že by mě rád viděl a setkal se mnou. Ale já už jsem neodpověděla…

KNĚŽIČKY

4 siblings (Milan,Dana,Alena,Ivana)

To slovo je pro mě téměř posvátné.

Ani naši rodiče netušili, jak zásadně nás ovlivní jejich rozhodnutí strávit prázdniny právě tam, v době našeho dětství. Vzpomínky na Kněžičky se vryly hluboko do našeho života a dodnes v sobě nesou vůni lesa, chuť borůvek a pocit svobody.

Me (Ivana)

Kněžičky jsou krásná vesnička asi kilometr a půl od města Český Dub v Podještědí.

Cca 18 až 20 km od Liberce.

Je to pohádková vesnička, obklopená lesy a potoky, kde donedávna proti proudu skákali pstruzi k radosti všech koček, které je chytaly.

Každý dům měl a stále má pitnou vodu přímo z horského pramene, každý z jiného... Voda je výborná a pitná... Houby v lese, maliny, borůvky a ostružiny všude, prostě všude. Ráj na zemi.

Prázdniny byly nejhezčí částí roku, a to nejen proto, že jsme měli volno ze školy, ale hlavně proto, že jsme byli v Kněžičkách... Vždycky jsme se na to těšili.

Ale jak jsme se tam vlastně dostali?

Moje babička (učitelka) a prateta (ředitelka školy) učily v Mladé Boleslavi žákyni, která pocházela z Kněžiček a během prázdnin je pozvala, ať se přijedou podívat, že je tam opravdu krásně.

Bylo to v roce 1938. Moje maminka měla tehdy 19 let.

Spaly přímo v Českém Dubu v hotelu U Adamů. Prý si pronajaly byt nad restaurací. Se žákyní se shodly, že vesnice Kněžičky je opravdu nádherná. Seznámily se také s ostatními obyvateli Kněžiček, kteří je každé léto ochotně zvali do svých chalup, pokaždé do jiné...

Pub in Knezicky where we spent summers in childhood

Když se moje maminka vdala a postupně měla čtyři děti, nebylo jednoduché ubytovat tak velkou rodinu. Nakonec nám poradili, ať jdeme do hostince U Mramorů, který se nacházel v centru Kněžiček, ale už nesloužil jako hospoda.

Byl tam velký sál, kde jsme měli přes léto osm postelí (babička, prateta) a velkou kuchyň, kde jsme vařili pro celý pluk.

Dodnes si pamatuji obraz na stěně, kde byla holčička a chlapeček s pomlázkou na louce a vlhká stěna do výšky jednoho metru.

Byl tam zápach vlhka a zatuchliny, ale to byla součást vůně Kněžiček, a tak si to pamatuji.Byla tam kamna, na kterých jsme vařili, a každý den jsme museli v lese sbírat suché větvičky a šišky. Každý měl za úkol určit, kolik jich musí přinést, aby to stačilo.

Stejně to bylo s trháním borůvek a malin.

Maminka pekla koláče z borůvek a kynuté knedlíky z malin.

Borůvkové koláče jsme jedli tak rychle, že maminka ani nestíhala péct. Než jeden koláč stihl vychladnout, už byl snědený a my čekali na další.

me and my sisters

Nad horkými kamny se sušily naše tepláky, které byly skoro vždycky mokré z lesa...

Chodili jsme i na koupaliště v Českém Dubu, které bylo velmi daleko. Jako dítě jsem často nemohla dojít a někdy mě musela nejstarší sestra posledních 500 metrů nést na zádech. I teď v dospělosti mám problém tu vzdálenost ujít...

Chodili jsme i na poutě po okolí – nejznámější byl jarmark v Hlavici, který býval poslední víkend v srpnu a znamenal konec prázdnin – museli jsme zpět do Prahy a do školy.

Do Hlavice to bylo 8 kilometrů, ale šli jsme pěšky tam i zpátky.

Často jsme se vraceli s velmi těžkým melounem, který jinde neměli.

Jednou nám na cestě, když jsme šli zkratkou lesem nNa Rovni upadl a skutálel se do údolí, kde se úplně rozbil na kusy.

Využívali jsme ozvěnu v údolí a volali tak, jak nás to naučili naši předci... „Jak je ti **Rakousko?**" a ozvěna odpověděla... **„OUZKO..."**

Radnice v Českém Dubu

MANŽEL, SVATBA A DĚTI

Když se blížily mé devatenácté narozeniny, psal se rok 1969 a Česká republika byla rok po okupaci spojeneckými vojsky. Narodila jsem se 13. srpna a těšila jsem se na šermířské soustředění na Šumavě ve druhé polovině srpna. Ale zasáhl OSUD.

Moje maminka měla jet do Soči s ostatními členy ministerstva vnitra, protože nenašli nikoho jiného, kdo by v té době chtěl jet do Ruska. Ani já nechtěla – stejně jako většina obyvatel tehdejšího Československa.

Dostala jsem to jako dárek k narozeninám.

Později jsem pochopila důvod. Ženatý muž, se kterým se má matka scházela, tam jel se svou ženou, a máma s nimi být nechtěla. Pracoval také na ministerstvu vnitra, ale v jiném oddělení. Navíc by se proti matce obrátilo, kdyby odmítla jet – mohla by přijít i o práci.

Jela jsem tedy místo ní. Letěli jsme.

My mother and her second husband

Poprvé v životě jsem letěla letadlem – eskadra z ministerstva vnitra z letiště Ruzyně na přímé lince do Soči. Letadlo bylo staré, ruské, a tak se třáslo, že jsem měla strach, že spadneme. Cestou mi pilot popřál k narozeninám přes rádio. Ale měla jsem spíš chuť zvracet.

Soči leží na úpatí Kavkazu a okouzlí hned při příjezdu. Subtropická fauna, teplo, mořský vánek a vysoké hory s bujnou vegetací. Ubytovali nás v mezinárodním táboře na okraji města – podle jejich měřítek v nadstandardních podmínkách. Dokonce jsme měli toalety ve stejné budově! Moře bylo teplé, pláž byla pokrytá černými kamínky. Bylo nás tam asi sedm z Prahy a další skupina z Brna.

Byli jsme tam i 21. srpna, na výročí okupace. S jedním klukem z Brna jsme se rozhodli, že dáme najevo nesouhlas s okupací. V noci jsme stáhli naši vlajku na půl žerdi. Museli jsme se plížit kolem ozbrojené stráže a dežurní, která hlídala budovu. Ráno byl v táboře rozruch, vedení ministerstva bylo vyslýcháno, a my jsme byli potrestáni – museli jsme uklidit celý tábor. Tiše jsme se smáli, aniž bychom tušili, že to mohlo skončit mnohem hůř. Byli jsme plnoletí a mohli jsme jít do vězení. Snad je to už promlčené…

Večer v táboře hrála hudba a tančilo se. Jednou mě požádal o tanec mladík, který na mě promluvil perfektní češtinou. Ukázalo se, že je Rus. Ocenila jsem, že si dal tu práci a zjistil si jak se to řekne správně česky. Prý si kupoval Rudé Právo, což bylo jediné co se tam dalo sehnat a sám si to překládal do češtiny. Klobouk dolů.

Dokonce se i sám připravil na státní zkoušky z češtiny bez učitele a udělal je na výbornou.. Jeho matka pracovala jako dietní sestra v sanatoriu Zarja a měli tam na léčení české rodiny s dětmi a on hrál s nimi fotbal.Prosil mě, jestli si můžeme psát, že se tím taky učí. Souhlasila jsem.

 Psali jsme si tři roky a několikrát se viděli – já létala do Soči v létě, on jezdil do Prahy na vánoce. Svatba byla výsledkem, který nikdo z nás zprvu ani necekal.. Byl to dobrý základ..

My Wedding Picture

Po svatbě dorazil s obtížemi do Prahy, kde dělal průvodce ruských turistů. Nakonec pracoval na letišti jako zástupce Aeroflotu v ČR – to byl náš klíč k emigraci na Západ.

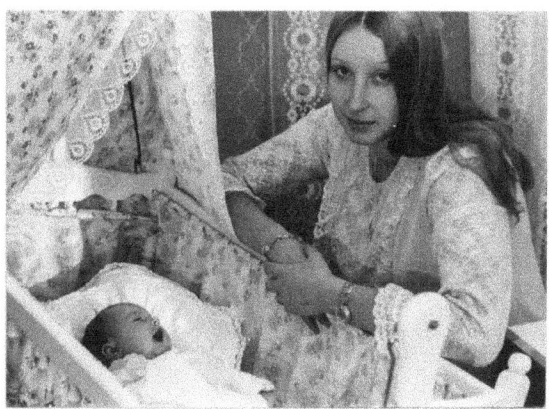

Me and my Daughter in the Crib

My Sons's First Birthday

Manžel chtěl děti hned – do roka jsme měli syna a za dalších 20 měsíců dceru. Neměli jsme ale byt. V 21 letech to nebylo možné. Složili jsme zálohu na družstevní byt, ale měl být postaven za 17 let. Mezitím jsme bydleli u mé matky ve stísněném bytě se dvěma dětmi a toužili po soukromí... A začaly problémy i na letišti...

My mother with my children

EMIGRACE

Kde začít........

Můj manžel pracoval na letišti jako zástupce Aeroflotu a měl letenky zdarma do celého světa.

Státní policie (česká policie) pravidelně docházela za mým manželem a žádala ho o spolupráci při sledování a hlášení jeho kolegů, ale on to vždy odmítl. Když jim s ním došla trpělivost, vyhrožovali mu, že pokud nebude souhlasit, může přijít o práci. Ani doma to nebylo růžové. Byli jsme namačkáni v malém bytě, čtyři z nás a moje matka. Cítili jsme se, jako bychom už nikdy neměli soukromí a neměli žádnou naději, že se to zlepší. Bylo nemožné najít žádné bydlení nikde. V tu chvíli jsme se rozhodli emigrovat.

V roce 1976, asi 8 let po tom, co moje starší sestra emigrovala do Kanady, mi české úřady konečně umožnily získat český pas. Předtím mi říkali, abych se ani nepokoušela o jeho získání, že ho nedostanu kvůli emigraci mých dvou sester. Jedna je v Kanadě, druhá v Austrálii. Dovolili mi navštívit moji sestru v Kanadě v roce 1976, s podmínkou, že můj manžel a děti zůstanou doma. V té době jsem byla v Kanadě asi 16 dní. Příští rok se můj manžel zeptal, zda by mohl jet do Kanady vidět moji sestru. Dovolili mu to, ale děti a já jsme museli zůstat doma. O pár let později, v roce 1981, se můj manžel znovu zeptal, zda může jet do Kanady, ale nic neřekl o mně nebo dětech. Vedení mu to povolilo.

Když jsme se všichni 4 objevili na letišti, byli zmatení. Bylo to o víkendu, a tak zavolali velkému šéfovi domů, co maji dělat, že jsme tam všichni.

Instrukce byly následující: .... Svlékněte ho do naha a pokud nezjistíte, že má nějaký certifikát, rodný list nebo potvrzení o sňatku, tak je nechte jít... Trvalo jim to strašně dlouho, mezitím už od letadla oddělili schody a letadlo byo připraveno k odletu... Nakonec můj manžel vyšel ven úplně oblečený a zavelel: ..."Utíkejte k letadlu! " Běželi jsme jako o závod. Když nás pouštěli z budovy na letištní plochu, řekla jsem jim na rozloucenou: "Na shledanou!" ... Ale ten muž se jen usmál a řekl: "Ale kdepak, ..."Sbohem!"... Pravděpodobně věděl nebo měl pocit, že se už nevrátíme. Můj manžel měl u barmana schované nějaké peníze, plánoval si je vyzvednout, až projdeme celnicí, ale neměl šanci to udělat... V našich kapsách jsme měli pouze devizový příslib na 45 dolarů pro nás čtyři v rodině, který nám vláda dovolila mít na tu cestu k mé sestře... To stačilo tak na taxi, kdyby nás moje sestra nevyzvedla na letišti...

Moje sestra nám poradila, abychom ihned po příletu požádali o azyl, ne během našeho pobytu, takže jsme šli rovnou na imigrační úřad. Po dlouhém výslechu přímo na letišti v Torontu po příletu, kde se ptali pouze mě, protože můj manžel nemluvil anglicky, jsme konečně dorazili do bytu mé sestry. Spali jsme na podlaze, děti v dětském pokoji se svým bratrancem a sestřenicí a můj manžel a já v obýváku a moje sestra se svým manželem v ložnici. Měli jsme vízum pouze na návštěvu rodiny na týden, takže po týdnu nás sestra vzala zpět na imigrační úřad, kde nás předala úřadům podle protokolu. Protože neměla 2000 dolarů na kauci, aby nás pustili na svobodu, než plánovali slyšení mého manžela a zajistili vhodného překladatele, uvěznili nás v detenčním centru, jak napsal úředník v souboru, který posuzoval naší zadost a napsal, že možná nebude schválena. Podle kanadských úřadů je třeba požádat o azyl v jiné zemi než v Kanadě, aby měli čas na vás zkontrolovat před tím, než přijedete, a vybírají si také, koho přijmou a koho ne. Zadržovací centrum bylo přímo vedle letiště, pravděpodobně aby bylo snadnější posílat lidi zpět domů. To byla naše největší obava.

Byli jsme ubytovaní v malé místnosti, kde byly dvě širší postele – jedna pro obě děti, druhá pro mě a mého manžela. Okno se dalo otevřít jen asi na pět centimetrů, takže vzduch byl vždy špatný. Samozřejmě, že na oknech byly mříže, ale to pravděpodobně nestačilo. Dveře na chodbu jsme museli nechávat neustále otevřené – u nich stál voják se zbraní, jako bychom byli nebezpeční zločinci.

Nevím, jaká jsme tehdy měli práva, ale podařilo se mi trvat na tom, aby recepční pustila děti alespoň na čerstvý vzduch. Nakonec nám povolili půlhodinovou procházku s vojenským doprovodem – pravděpodobně proto, aby se ujistili, že neutečeme. Sledovali jsme letadla, jak přistávají a vzlétají, a můj manžel to dětem dokázal prezentovat jako zábavu. Já mezitím byla napjatá a plná obav z toho, co s námi bude.

Po asi pěti dnech k nám najednou přišel muž, mluvil česky a ptal se na okolnosti naší emigrace. Slíbil, že pro nás někdo přijde.

Druhý den skutečně dorazila mladá dáma se dvěma malými chlapci, mladšími než naše děti. Řekla, že je z ženského výboru české obce, a zřejmě recepční v centru mezitím sama zavolala o pomoc – my bychom to sami tehdy nedokázali. Moje sestra mezitím odjela se svou rodinou na Bahamy, byly jarní prázdniny. Než se vrátila, už jsme byli z detenčního centra pryč – tato katolická rodina nás přijala k sobě. Ženský výbor poskytl záruku, která umožnila naše propuštění.

Rodina měla malý dům v pěkné části Toronta a připravili nám matraci ve sklepě – ležela jen na podlaze, žádná postel. Museli jsme se tam vejít všichni čtyři…

Mému muži se podařilo získat práci u českého majitele továrny, která posílala autodíly do celého světa. Pracoval tam jako expedient – za minimální mzdu na hodinu.

Začalo se nám pomalu dařit. Pomáhali nám hledat bydlení a když se sestra vrátila z dovolené, zjistila, kde jsme, a přišla nám říct, že známý jejího lékaře ví o podnájmu nedaleko rodiny, kde jsme zrovna byli. Byla to hezká čtvrť – a tak jsme nabídku přijali v dobré víře.

Byly to dva malé pokoje v prvním patře domu. Jenže jakmile se majitelka – starší paní – dozvěděla, že máme dvě děti, okamžitě nám řekla, že si máme najít něco jiného. Děti tam nechtěla. Moje sestra jí to zapomněla říct.

Začali jsme se seznamovat s okolím. Na jedné straně byl krásný park, kterým protékala řeka. Můj syn brzy našel starou nylonovou nit a větev ze stromu – a šel na ryby. Ryby skákaly proti proudu u hráze a on jich chytil víc než profesionálové se svým vybavením. Dokonce si našel i červy jako návnadu.

Děti se na tuto část emigrace velmi dobře přizpůsobily. Zapsala jsem je do katolické školy, která byla blízko a měla mnoho dětí z evropských rodin, ale také z jiných částí světa. Můj syn si okamžitě udělal přátele s jedním Polákem a jedním Jugoslávcem, kteří zůstali jeho přáteli na celý život, což je nyní téměř 50 let. Obě děti se velmi rychle naučily anglicky. Byli jsme v Kanadě asi 3 týdny, když je katolická rodina vzala do zoo. Když se vrátili, zeptala jsem se, jak se jim to líbilo. Moje dcera odpověděla: "Bylo to skvělé! Měla jsi tam bývala být!" Použila předpřítomný průběhový čas a já jsem na ni zírala s otevřenou pusou!

Jak se to mohla naučit tak rychle? Moje matka (učitelka angličtiny) mi to vtloukala do hlavy 3 roky!

Bála jsem se, jak je přijmou ostatní děti ve škole, ale můj syn přišel domů už první den s úsměvem. "Už umím anglicky a mám 3 kamarády, prohlásil! " Zeptala jsem se: ......" a co umíš anglicky?".....,"Hovno a drž hubu" odpověděl klidně.

Čas plynul a hledali jsme další místo k bydlení....

Našli jsme dvoupokojový byt na západním konci Toronta a museli jsme zaplatit první a poslední měsíc nájmu. Museli jsme si půjčit peníze. V Torontu byla česká banka Kampelicka, která nám půjčila peníze a museli jsme je splatit za šest měsíců. Adam Novák, producent muzikálu CATS v Praze, se za nás podepsal jako ručitel. Emigroval asi půl roku před námi. Bylo to nádherné cítit, jak si Češi navzájem pomáhají při emigraci.

ŽIVOT V KANADĚ

Daniel & Viola

Když jsme umístili děti do školy, začala jsem hledat práci, abych jim mohla být nablízku.

Nejprve jsem našla práci pokladní ve vládní jídelně pro jejich zaměstnance v centru Toronta.

Bylo to na 6 hodin za minimální mzdu, připravovala jsem jim ovocné a zeleninové saláty a pak je o přestávce prodávala, včetně chlebíčků, kávy a cukroví... Bylo to v zimě, měli krásné zralé jahody, maliny a borůvky, v Praze v těch letech vůbec nic takového nebylo. Sbihaly se mi sliny, ale nemohla jsem to ani ochutnat. Všude byly kamery. Trvalo to několik měsíců a v létě jsem dostala práci jako servírka v kavárně evropského stylu hned naproti dětské škole.

K mému úžasu mě hned vzali, i když jsem jako číšnice neměla žádné zkušenosti. Majitel byl Rakušan a manažerka byla ze Švýcarska. Byla jsem tam skoro tři roky a byla jsem tam velmi šťastná.

Získala jsem potřebné zkušenosti v angličtině a na začátku jsme měli spoustu vtipných situací.

Například:

Někteří hosté věděli, že jsem tam nová a tak se mě ptali, odkud jsem.

Odpovídala jsem „z Československa" pravidelně každý den. Pak si jeden zákazník objednal dort a když jsem ho přinesla, zeptal se: "odkud je?" Myslel tím, kde pečou dort. Ale znělo mi to stejně: odkud jsi/odkud je? To "od" jsem slyšela až na konci, tak jsem odpověděla znovu: "Z Československa". Jen zavrtěl hlavou a řekl: ..... "Ale jak to, že je to tak čerstvé??? "V kuchyni se hrozně smáli.

Life In Canada

Můj manžel měl ještě kurióznější zážitky. Jednou šel do večerky koupit Coca-Colu. V Kanadě tomu říkají Coke. Jenže jeho výslovnost nebyla

31

úplně přesná – a když řekl: „Můžu si koupit kok?" (místo kouk), mladá prodavačka padla smíchy pod pult.

Zeptala se ho se smíchem: „Ty žádný nemáš?"

„No, nemám," odpověděl manžel naštvaně, „proto si ho kupuju!"

Netušil, že když to vyslovil krátce jako kok, v angličtině to znamená mužské genitálie.

Ale nebyl jediný, kdo se v začátcích potýkal s jazykem. Měli jsme jednoho kamaráda, který si nám stěžoval, že se mu nikdo z Česka neozývá a že mu nikdo neodpovídá na dopisy.

"A píšeš adresu správně?" zeptali jsme se ho.

"Samozřejmě," odpověděl....." #3 One Way Street"......(#3 Jednosměrná ulice)

Jiná paní potřebovala pomoc s vyplněním ubytovacího formuláře... Recepční se jí snažila pomoci a zeptala se jí: "Jaká je vaše předchozí adresa?" (What is your previous **address**?)Myslela si, že místo *address* (adresa) řekla *a dress* (šaty). A odpověděla: "Moje šaty jsou žluté".

Začala jsem pracovat v kavárně Mayr jako servírka, stejně jako spousta studentů, kteří tam pracovali na částečný úvazek po škole. Divila jsem se, že i když byli z bohatých rodin, jejich rodiče jim studium neplatili, museli si na to sami vydělat, aby poznali hodnotu peněz. U nás vše platili rodiče a děti jsou v Česku podle kanadských zvyklostí zbytečně rozmazlené.

Life In Canada

Po 3 letech v kavárně nastal čas na změnu. Šla jsem na soukromou školu studovat bankovnictví... Během studia mě překvapily rozdíly mezi studiem tam a tady. Dali nám tlusté knihy, které by vystačily na čtení na tři roky. U nás by přidali češtinu, ruštinu a občanskou výchovu a udělali by z toho tři roky školní docházky. Ale tam jsem to měla nejen přečíst, ale nastudovat za 6 týdnů, pak nám dali nastudovat další knihy. Ptala jsem se, jak to mám udělat, že to nejde, ale řekli mi, že jsem si měla udělat kurz rychločtení, než jsem to začala.

Dobré bylo, že nás připravili i na pohovor v bance, od oblečení až po zodpovězení případných dotazů. Bylo to velmi dobré, protože mě v bance přijali hned na prvním pohovoru. Fungovalo to. Vzali mě jen na částečný úvazek, ale to byla běžná praxe, teprve po půl roce se dalo žádat o práci na plný úvazek.

Ale když jsem pracovala na plný úvazek, všechno šlo podle plánu. Jak jsem stoupala po kariérním žebříčku v bance, umožnila mi banka studium na univerzitě – a když jsem složila zkoušky, vždy mi zpětně proplatili semestr.

V bance jsem pracovala 23 let. Nejlepších bylo posledních sedm, kdy jsem působila na ředitelství, vyšetřovala podvody a pracovala jako auditor.

Banka tehdy nabízela možnost předčasného důchodu, čehož jsem využila – manžel byl nemocný a odešel do invalidního důchodu. Chtěla jsem s ním trávit víc času, a sama jsem už cítila, že se pomalu hroutím.

Fluffy

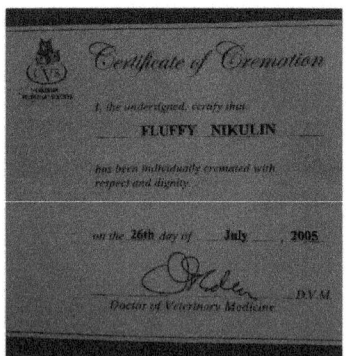

Certificate of Cremation
FLUFFY NIKULIN

Manžel nejprve pracoval u českého zaměstnavatele za minimální mzdu. Když se sám – ve volném čase, protože nemohl chodit do školy – naučil trochu anglicky, přešel do americké továrny v Torontu. Pracoval dvanáctihodinové směny, často i v noci, což se silně podepsalo na jeho zdraví. Když byla továrna zavřená, ocitl se bez práce.

Ale tehdy už uměl anglicky dost na to, aby mohl začít studovat. Chtěl pokračovat v tom, co dělal už v Československu – v cestování a turistice. Studium bylo extrémně drahé a museli jsme si na něj znovu půjčit peníze.

I když mu to pomohlo znovu najít práci, jeho zdraví už bylo vážně podlomené.

Life In Canada

Potřebovali jsme splatit dluhy, tak jsem se pustila do dalšího studia, jako realitní makléř.

Hodně a často jsem brečela, studium bylo drahé, půjčovala jsem si na to peníze a musela skládat zkoušky. Nakonec jsem to udělala, s maximálním úsilím.

Life In Canada

Studium na College se mi zdálo velmi těžké, ve třídě nás nastoupilo 30 a studium dokončilo pouze 8 z nás. A byla jsem jediná, kdo se nenarodil v Kanadě.

Při prodeji domů se mi dařilo a dluhy jsme brzy splatili. Pak se mi podařilo našetřit na zálohu na byt a koupili jsme condominium v Torontu.... Podotýkám, že v té době už jsme byli více než 10 let v Kanadě. Ale předtím jsme si koupili byt na Floridě. Pracovala jsem ve dvou zaměstnáních.

Life In Canada

Mezitím se situace v Evropě změnila a my jsme mohli jet zase domů.

Přijela jsem na návštěvu v roce 1991 a viděla jsem své rodiče poprvé po 10 letech.

VÍRA V BOHA A ESOTERIKA

Vyrůstala jsem v ateistické rodině, dá se to tak říct. Můj otec byl věřící, jak jsme se později dozvěděli, ale matka byla silně proti církvi a trvala na tom, že otec nebude vychovávat děti k víře... Dokonce sama šla do kostela, aby ho odhlásila z katolické víry, nevím, jestli je to vůbec možné... Celý život se vysmívala církvi a celým srdcem lpěla na komunismu, který žádné z dětí nenásledovalo. Ze čtyř dětí 3 emigrovaly kvůli komunismu a dvě ze čtyř dětí byly pokřtěny v zahraničí.

Byla jsem jedním z nich. Byla jsem pokřtěna ve 33 letech v Torontě.

Můj manžel byl sice v raném dětství pokřtěn, ale kvůli komunismu v Rusku nikdy nechodil do kostela a dá se říct, že ani nevěřil v Boha. Odmítal se mnou chodit do kostela, a když jsem se rozhodla jít, šla jsem sama nebo s dětmi. Když byly ve věku kdy se samy rozhodovaly, zda jít nebo ne, raději nešly. Přihlásila jsem své děti do katolické školy v Torontě, ale dá se říci, že se víry nedrží a víru v životě moc nepraktikují, čehož někdy lituji. Ale jak jednou prohlásil můj syn, ... Je rád, že má základy katolické víry a že ho to obohatilo.

Nikdo mě v dospělosti nenutil věřit, ani okolnosti. Došla jsem k závěru, že mezi nebem a zemí je něco, co ani vědci nedokážou vysvětlit, takže Boha nemohou ani potvrdit, ani vyloučit. Ale neobdivuji žádná dogmata, takže mám také výhrady. Ráda poslouchám výklady Bible, ale přesto si ji vykládám po svém. Začala jsem se zajímat i o esoteriku a čerpala poznatky z mnoha zdrojů. Vždy od dětství mě automaticky zajímala astrologie, která mě fascinovala a jak některá znamení do sebe zapadají a některá ne. Zkoumala jsem vztahy mezi rodiči a známými, jak to funguje a jaká jsou znamení. Později jsem přidala numerologii, která je ještě zajímavější a snáze se počítá a předpovídá. Vím, že to nemá nic společného s náboženstvím, ale tak to prostě je. Mám to všechno dohromady jako celek. Začala jsem se také zajímat o kvantovou fyziku, která jde ještě dál a je vlastně schopná vysvětlit existenci Boha a posmrtný život, a to je další oblast mého zájmu. Přečetla jsem snad všechno, co je v knihovnách dostupné a jsem vděčná za angličtinu, protože v angličtině je toho mnohem víc než v češtině. A to mě nejvíc rozšířilo obzory. Způsob, jakým se život po smrti vypaří z každé čakry v našem těle a ve skutečnosti trvá několik dní, než se úplně vypaří, je jen dalším důkazem, že energii nelze ztratit, lze ji přeměnit z jednoho stavu do druhého. A život je projev energie, takže nemůže zmizet, jen se transformuje do jiné formy. Takže zatímco moji vrstevníci se smrti bojí, já se nebojím vůbec, víceméně vím, co mě čeká. Jen jako každý smrtelník se bojím nemoci a umírání v bolestech. Kdyby šlo usnout a neprobudit se jako to bylo s manželem, bylo by to asi nejschůdnější. Ale ne každý má takové štěstí.

Na začátku to bylo zvláštní, když jsem jednoho rána neviděla, jak si v kuchyni vychutnává kávu, když jsem přišla z horního patra.... Dveře ložnice byly otevřené, tak jsem se ho zeptala: "Chceš kávu?". Nebyla žádná odpověď. Tak jsem přišla k jeho posteli, položila ruku na jeho rameno a zeptala se znovu: "Chceš kávu?" Teprve potom jsem si uvědomila, že má oči široce otevřené a zírá na mě. Bylo to pohled smrti.....Byla jsem v šoku. Zavolala jsem ambulanci. Když mi řekli, abych zkusila umělé dýchání, řekla jsem jim, že si myslím, že je už pozdě.. Ale jeho tělo bylo stále teplé. Přišli rychle a začali na něm pracovat.. Řekli mi, abych si sedla před dům a tam počkala. Po nějaké době ke mně přišli a řekli: "Ještě jeden doktor musí přijet z Liberce. Zůstaňte sedět, kde jste právě teď.." Po půl hodině přišel soudní lékař z Liberce, šel se podívat na mého manžela a pak mě zavolali dovnitř. Soudní lékař mi řekl, že můj manžel je mrtvý a pravděpodobně zemřel kollem 4. hodiny ráno. Měla jsem zavolat pohřební službě v Hodkovicích, aby co nejdříve vyzvedli tělo. Byl to nejteplejší den léta, 27. července 2013. Řekla jsem jim, že to nedokážu udělat. Oni to udělali za mě. O půl hodiny později přijelo speciální pohřební vozidlo, aby odvezlo mého manžela do pohřebního ústavu v Hodkovicích. Moje sestra Dana z Austrálie měla dorazit za 10 dní, takže jsme si domluvili pohřeb za 10 dní.

Fungovala jsem jako "autopilot". Nedokázala jsem nic udělat, ale věděla jsem, že musím informovat všechny jak v České republice, tak v Kanadě. Daniel a Viola se musí domluvit, aby letěli na pohřeb. Začala jsem od nejbližší rodiny a pak pokračovala přáteli, známými atd. Pak začali přicházet vesničané, aby mi vyjádřili upřímnou soustrast. Byla jsem jako v mlze. Daniel dorazil první a Viola druhá. Cítila jsem úlevu, že všechno není jen na mých bedrech. Daniel začal připravovat píseň, kterou by zazpíval na pohřbu a Viola přinesla rámeček s fotografií Kosti, kterou jsme poté umístili do kaple během pohřebního obřadu, aby ho všichni viděli. Daniel také připravil pro kněze projev. Poté dorazila moje sestra Dana. I když jsme polovinu života žili v Kanadě, stále jsme měli spoustu přátel i tady a na pohřbu bylo asi třicet lidí.

Stala se podivná věc. Najednou kolem každé lavice v kostele létal čmelák a poté, co se dostal ke každému, přiletěl přímo k plameni svíčky a spálil se k smrti. Všichni si toho všimli. A jen vzdechli.

Teprve tehdy, během pohřbu, mi došlo, že je to konec. Konec 41 let manželství. A kolik jsme toho spolu prožili. Začala jsem plakat a moje sestra a dcera mě z obou stran utěšovaly. Byl to další velmi horký den a projev u otevřeného hrobu byl tak dlouhý, že jsem musela požádat kněze, aby s ním skončil.

Poté jsme šli k nám domů na občerstvení a vzpomínali na dobré časy strávené spolu. Můj syn Daniel si půjčil kytaru a zazpíval oblíbenou píseň mého manžela od Boney M... "One way ticket.." Po asi 40 dnech jsem byla jako v snovém stavu, ale vzhůru, během dne, když mě můj manžel kontaktoval mentálně a zeptal se mě: ..."Co teď uděláš?" Odpověděla jsem také mentálně: "Teď se musím postarat o naše děti." Poté mi řekl, že je tam docela dobře a že bych měla přijít také a neměla bych se toho bát. "Ještě ne," řekla jsem (mentálně). Věděl, že jsme uprostřed rekonstrukce starého domu, který jsme koupili v Niagaře, a že pro mě bude velmi obtížné ji dokončit sama. Jak fyzicky, tak finančně. Naše děti nechtěly, abychom ho udržovali, takže jsem ho po rekonstrukci prodala. Díky tomuto kontaktu z druhého břehu jsem zjistila, že lidské vědomí přežívá smrt. Nebylo to imaginární, bylo to "skutečné".

Taky mě zajímá telepatie. Už jen proto, že jsem to právě zažila. Ani to nelze vědecky vysvětlit, ale stále to existuje. Představuji si to jako nějaké elektromagnetické vlnění a když jsem "na stejné vlně", jak by se dalo říct s jiným člověkem, můžete číst a reagovat na myšlenky.... Zajímavé pro mě bylo, že když jsem myslela anglicky, tak to ten druhý člověk, se kterým jsem měla schopnost telepaticky komunikovat, "chytil", ale když jsem myslela česky, tak ne. Bylo to v Kanadě a mezi mnou a Kanaďanem. A ano, bylo mezi námi citové spojení.

Čtení z ruky je pro mě také zajímavé, ale sama to neumím. Psychic Expo v Torontě jsem ale navštěvovala pravidelně a vždy jsem tam měla čtení z ruky. Nejzajímavější bylo čtení rodilého Indiána, který byl tak přesný, že jsem měla husí kůži. Do puntíku popsal mé dětství a nikdy mě předtím neviděl a neměl z čeho čerpat. Je to jen intuice.

Na těchto výstavách Expo jsem také absolvovala testy intuice a vždy jsem měla nejvyšší skóre, které mělo jen Medium. Nechala jsem si vyfotit i auru a měla krásnou bledě modrou barvu. Také mě tam zaujaly kameny všeho druhu a dozvěděla jsem se, že kameny také vyzařují energii a nějaké už doma mám a opravdu mě uklidňují stejně jako květiny doma. Nejvíc mě baví růžový křemen. Ale mám i jiné. Tak to jsou moje celoživotní koníčky a teď na stáří se jim věnuji ještě víc než dřív.

POŠTOLKY

Dívám se z okna a vidím poštolky,hnízdí na věži kostela. Každý rok. Krmí mláďata a nosí potravu do hnízda.

Každý rok se to opakuje jako koloběh života...

Přemýšlím o koloběhu a přemýšlím o všem, co jsem v životě zažila a jak se svět za těch 74 let, co jsem tady, změnil.

V padesátých letech ve vesnicích skoro nejezdila auta, silnice nebyly asfaltované, byly prašné a bylo vidět jen povozy tažené koňmi nebo kravami, jak ráno jedou na pole a večer zpátky,

Mohli jsme si ale nerušeně hrát a ani maminka neměla strach, že by se nám mohlo něco stát.

A takhle vypadalo mé dětství:

Chudé, ale krásné. A když si vzpomenu na to, kdy jsem byla v životě nejšťastnější, nebylo to v době, kdy jsem měla peníze, pohodlí doma, ale naopak jsem byla šťastná v bezstarostnosti o budoucnost.

Byli jsme čtyři děti. Můj nejstarší bratr Milan, pak sestra Dana, pak sestra Alena a pak já, nejmladší.

Musela jsem dědit jejich oblečení, protože na nové nebyly peníze. Pamatuji si pyžamo, které nosili všichni moji sourozenci a pak jsem je dostala po bratrovi, který byl nejstarší. Můj bratr je o 10 let starší, takže si dokážete představit, jak dlouho jsme to měli. Už to nemělo knoflíky, takže prateta, která nám pomáhala šít a opravovat oblečení, tam našila nějaké nové. Našla jen nějaké velké ze zimního kabátu, takže byly větší než ta dírka a pokaždé jsem to musela dovnitř protrhnout, abych to protáhla. Nikdy jsem se ale nezlobila na rodiče, že mi nedali nové oblečení, věděla jsem, že nemají peníze.

Když se můj bratr ženil, neměla jsem ani svetr a už byla zima. Moje matka mi půjčila svůj. Dodnes si na to vzpomenu, když vidím svatební fotky, kde mám dlouhé rukávy, delší než moje ruce. Akorát jsme neměli peníze ani na svetr.

Oversized sweater borrowed
from my mother for the wedding

Jen mi bylo jednou v létě, když jsme jeli všichni na pouť, líto, že jsem neměla tak krásné silonové bílé šaty s volánky, jako měly ostatní dívky. V té době mi byly asi 4 roky. Maminka mi to vysvětlila prakticky: ..."rychle rosteš a stejně by ti to bylo moc brzo malé...." Určitě to ve mně zanechalo velký dojem, protože když jsem měla vlastní děti, vždy jsem dbala na to, aby měly krásné šaty. A hodně. A to samé teď, když mám vnučky. Moje dcera ani nedokáže pochopit, proč toho tolik kupuji. Nezažila to, co já. V obchodech nebylo nic, alespoň nic, co by se mi líbilo. A kdyby bylo, stejně by na to nebyly peníze. A teď, když jsou peníze a krásný výběr oblečení, neodolám a nakupuji a nakupuji. Takový je koloběh života.

Čím jsem starší, tím se zdá, že život plyne rychleji, zejména vývoj technologií, které je těžké se naučit a nerada na nich závisím. Služby jako takové už neexistují, vše si musí dělat každý sám. Chcete někam letět? Zarezervujte si letenky sami. Chcete nastoupit na loď? Zarezervujte si to sami. A vytiskněte si odbavení zavazadel. Odbavte se sami. Jak na letišti, tak v přístavu. Chcete jet autobusem? Zarezervujte si lístek přes telefon. Dělejte bankovnictví po telefonu a neobtěžujte na pobočce banky. Služby jako takové už skoro neexistují a myslím, že je to škoda.

Vadí to spoustě starých lidí, kteří si rádi povídali a dodalo jim to jistotu, že je o ně postaráno. Pokud máte Alzheimera, zkuste bankovnictví po telefonu! A tak, jak mi ubývají síly, začínám mít pocit, že už do tohoto světa plného technologií nepatřím. Ano, jsem ráda, že své děti a vnoučata vidím přes obrazovku počítače a povídám si s nimi přes facebookový chat, ale to je tak všechno. Nechci používat VŠECHNY vymoženosti doby, Skype a ZOOM a instragram a tweet, je toho moc, už mě to nebaví. Knihu si ráda v klidu přečtu a v televizi koukám na zajímavé filmy, do kina už moc nechodím, jen na koncerty svých oblíbených zpěváků a občas do divadla.

Další problém je, že většina mých oblíbených zpěváků už tu není, takže se těším, až je uvidím, až budu na té druhé straně. Smrti se nebojím, někdy se dokonce těším na druhou stranu. Jediné, čeho se bojím, je umírání v bolestech. Můj manžel zemřel v noci ve spánku, a kdyby se to stalo mně, bylo by to Boží požehnání.

Na hřbitově jsem si už připravia hrob a na něm desku s mým jménem, k údivu ostatních členů mé rodiny a známých. Ale chci to mít pro své děti snadné. Aby nemusely nic zařizovat. Trvalo mě 3 měsíce, než mě vyrobili desku pro manžela, když zemřel, a nechci, aby moje děti musely létat sem přes oceán jen proto, aby řešily připevnění desky nad hrob.

Vloni jsem byla na Floridě a psala jsem dětem, jak to prožívám a vzpomínám na hezké chvíle, které jsme spolu všichni prožili. Můj syn mi řekl, že to byl ten nejhezčí dopis, jaký jsem mu kdy poslala. Tak to sem taky přikládám....

Každý den zde chodím od mola k molu. Je to asi míle nebo 1,4 kilometru. Rybářské molo, kam jste s tátou chodili, už tu není, asi před 2 lety ho strhl hurikán... Po procházce většinou sedím na lavičce, pozoruji vlny a ptáčky, *kteří se krmí čímkoli, co najdou v mořske trávě. Každý den na stejné lavičce. Včera jsem na lavičce našla pírko, jako by mi táta říkal **ahoj**... na molu, kam jste s ním chodili....*

Sleduji rodiny s dětmi, včera malou holčičku, která vypadala jako naše Mikayla, když sem přijela s Violou, tehdy jí byly 3 nebo 4 roky... Mikayla měla krásný světle modrý župánek a pod ním stejné světle modré plavky - prostě nádhera. Čas plyne tak rychle!

Šla jsem se podívat na místo, kde jsme bydleli, když tu byla Mikayla. Je to pet friendly hotel a Vojtěchovi ho chtějí využít, když sem přijedou se svým psem. Má ho nový majitel, ale pravidla jsou stejná, přátelská k mazlíčkům. Vše bylo zrekonstruováno, dokonce i kolem bazénu a bazén taky. Pokud by ho Viola chtěla v budoucnu využít, a pokud by chtěla přijet s jejich psem, dej jí prosím vědět, že je to Sand Vista na pobřeží Redingtonu. Vzpomínám na krásné časy, které jsme tam prožili a je mi líto, že už to tak není...

Zdravi maminka

We,Husband,Daughter and Son
Moments Together

MARTA KUBIŠOVÁ

Je vzorem pro všechny generace a já jsem měla to štěstí, že jsem byla její generací.

Od mládí se mi moc líbil její hlas, ať už zpívala sólo nebo jako trio v Golden Kids.

A to jsem ani neznala kvality její povahy, které se projevily až v krizovém období po roce 1968, tedy po okupaci Československa. Vzdala se své kariéry z principu a zůstala věrná sama sobě. Hodně odvahy.

Marta Kubisova(Ivana)

Velmi si jí vážím jako člověka a je mi ještě bližší, protože miluje zvířata a stará se o kočky a psy v útulcích.

Kočky hrály v mém životě také velkou roli – tak velkou, že chci všechny peníze získané z prodeje této knihy věnovat kočičímu útulku.

Pro ty, které mají doma hrubé pečovatele, pro ty, které nemají domov nebo byly vyhozeny, pro ty, kterým zemřel majitel a protože jsou staré nebo starší, už si je nikdo nechce vzít domů.

Peníze z této knihy ať jdou na projekt, který jim zpříjemní život v jejich neutěšené situaci. Měly by mít krásný domov, dostatek jídla a čisté prostředí, kde mohou pobývat.

Vsem dekuji

Ivana Nikulinova

KAREL GOTT A JÁ

Láska ke Karlu Gottovi mě provázela do Kanady.

Od svých 13 let byl Gott mým idolem. Když jsem ho slyšela zpívat "Měsíční řeku" nebo "Maria", dokonce jsem plakala, jak to bylo krásné.

Karel Gott and Me

Chodia jsem do Okrouhlicke ulice v Kobylisích, kde tehdy bydlel, s nadějí, že ho tam jednou potkám. Ale ani bych nebyla schopna vyslovit slovo, byl pro mě prostě Bůh. V divadle Apollo jsem šla po jeho koncertě do zákulisí a podepsal mě asi 18 fotografií najednou. V té době mi bylo 16 let.

Poté jsem v roce 1981 emigrovala do Kanady a usadili jsme se v Torontě. Karla Gotta jsem znovu viděla až po mnoha letech.

Když jsem se dozvěděla, že bude mít koncert v Torontě, srdce mi poskočilo. Šla jsem do Indianského centra a objednala jsem domorodé Indiány, aby přišli se mnou na letiště a přivítali ho a zatančili pro něj. Čekali jsme na Karla Gotta asi dvě odiny, Indiáni rozložili na podlaze letiště své peří a nasadili si je do čelenek. Hráli na bubny a krásně tančili, všichni kolem se dívali se zájmem co se děje. Stálo mě to 250 kanadských dolarů, ale Karel viděl, že z mé lásky k němu ani po tolika letech nic nezmizelo. Když se otevřely dveře a vstoupil Karel Gott, tak jsem k němu běžela a objala jsem ho tak silně, že málem upadl. Nic takového nečekal. Byl rád, že je poznáván i na místech, kde nikdy předtím nebyl, lidé ho znají a milují.

Karel Gott and Me

I když to bylo poprvé, co byl v Torontě., sál byl téměř vyprodaný a konce rt byl krásný. Pak následovala VIP párty, kde podepisoval své desky, které měli všichni emigranti s sebou. Tam bylo vidět, jaký vliv měla jeho hudba na celou generaci – někteří emigrovali úplně bez kufru, jen s pár jeho desk ami v podpaží.

Pan Suchánek zájezd zorganizoval. a když měl Krel Gott koncerty v USA, tak jsem s nimi jezdila na turné.

V New Yorku se po koncertě konala VIP párty s výstavou jeho obrazů. K arel Gott byl najednou tak blízko a tak dlouho se mnou.

Splnila jsem si svůj dětský sen! Po koncertě byl vyčerpaný, ale pak musel stát další hodinu s projevem na výstavě obrazů, kde byla i promenáda manekýnek v šatech ušitých z návrhů jeho obrazů. Když jsem ho požádala o fotku, řekl, že už si musí sednout, jinak upadne, ale i tak dokázal vykouzlit úsměv na tváři a krasnou fotku. Pan Suchánek říkal, že se koncert málem nekonal, Karel měl hlasovou indispozici a před koncertem byl u doktora, ale nakonec byl koncert skvělý a nikdo z nás si toho ani nevšiml.

Karel Gott and Me

Žehlila jsem mu oblek v hotelu v Miami .

A ještě větší radost jsem měla z koncertu v Miami. Do hotelu jsem dorazila o dva dny dříve než celá skupina a k mému potěšení byli všichni ubytováni v hotelu na stejném patře a Karel Gott měl pokoj vedle mě! V noci jsem nemohla ani spát, protože za zdí byl Karel Gott!

Když jsem ráno snídala, potkala jsem rodinu Suchánkových a pojedli jsme spolu.Za chvíli se k nám přidal i Karel Gott na snídani.

Nemůžu tomu uvěřit, sedím vedle něj, mluví o Beatles a setkání s Johnem Lennonem a pak říká: "Ve dvě odpoledne mám zkoušku a zapomněl jsem požádat hotelovou službu, aby mi vyžehlila oblek". Tak mu říkám: "Ale v každém pokoji je i žehlicí prkno a žehlička!" Odpověděl.." Ale já nevím, jak se to žehli!"

Tak jsem mu nabídla, že mu to vyžehlím a on souhlasil. Byl to tak jemný materiál, že jsem se bála, že ho spálím.

Bylo jaro, květen a Karel měl v té době pořád alergie a měl červené oči. Sehnala jsem mu oční kapky a pak jsem mu je vozila do Prahy, kdykoli jsem jela domů.

Další setkání se odehrálo na lodi Costa Concordia, slavné lodi, která se potopila o rok později. Kája se nalodil na Kanárskych ostrovech.

Z Ameriky jsem mu přivezla smoking pro vnuka (tehdy dvouletého vnuka), kravatu s malířskými motivy od Salvatora Dalího (měl ho moc rád) a stará originální alba Tonyho Bennetta. Udělalo mu to velkou radost.

A co mě na Karlu Gottovi nejvíc překvapilo? Vůbec nebyl takový, co o něm píší noviny a také mě překvapilo, že z něj vůbec nevyzařoval pocit šťastného člověka. Vypadal smutně a nešťastně. A to v době, kdy nebyl nemocný a ještě mu nebylo ani sedmdesát...

Po návratu z Kanady teď v důchodu trávím víc času v Čechách, takže jsem stihla vidět spoustu jeho koncertů. Často jsem je navštěvovala a nahradila tak ztracený čas.

A CO WALDA?

Ano, Walda taky.

Je to také můj velmi oblíbený zpěvák a měla jsem možnost ho několikrát potkat nejen na koncertech v zámoří, ale i osobně na Floridě, kam pravidelně jezdím.

Me, & Walda

Brzy po jejich emigraci přijel Walda s Olinkou na turné po Kanadě – a samozřejmě i do Toronta, kde jsme tehdy bydleli.

Když vyšel před oponu a uviděl sál zaplněný do posledního místa, zalomil rukama a zvolal:

"No, kdybych věděl, kolik vás tu je, ani bych se neučil anglicky!"

Byl plný vtipů a historek – a vždy to byl úžasný zážitek. Zpívali jsme s ním a všichni se cítili jako doma. Jako bychom ani neemigrovali. Všechno tam

51

bylo – atmosféra, emoce, hudba. Vlastně jsme měli něco, co lidé v tehdejším Československu neměli, když Walda emigroval. Do Česka jezdil jen výjimečně. Koncertoval hlavně v USA a Kanadě.

Když jsme začali jezdit na Floridu, na západní pobřeží k Mexickému zálivu, všimli jsme si, že tam existuje poměrně silná česká komunita – a nedivili jsme se, že se tam usadili i Walda s Olinkou.

Na Floridu jsme jezdili už dávno a často jsme bydleli v malých hotýlcích na pobřeží, které vlastnili Češi. Byly tam tři takové, docela blízko u sebe.

Ceny nemovitostí na Floridě byly ještě na začátku devadesátých let velmi nízké, a tak jsme se rozhodli koupit si tam byt – dříve než v Kanadě, kde jsme už tehdy bydleli a pracovali.

V roce 1995 jsme koupili byt se dvěma ložnicemi a dvěma koupelnami za pouhých 37 tisíc dolarů!

Skvělá poloha, nádherně upravený park s rybníkem a fontánami před domem, bazén, jezero hned vedle – a blízko moře. Prostě ráj. Bylo to jen asi 740 tisíc korun. Neuvěřitelně levné!

Stačilo dát 5 tisíc jako akontaci a půjčit si zbytek – 32 tisíc dolarů. Ani nám na to nedali hypotéku, jen běžný úvěr.

Protože jsme s manželem – který byl manažerem společnosti Sun Holidays, řetězce cestovních kanceláří s pobočkami po celé Kanadě – neustále cestovali po světě, pronajali jsme byt místním Američanům za fixní nájem. Díky tomu byl splacen za sedm let.

Me, Walda, & his Son

To už dnes nejde. Všechno je mnohonásobně dražší a na Floridě už nic takového za podobné peníze nekoupíte.

Možná někde v Alabamě nebo Oklahomě, nevím... ale na Floridě určitě ne.

Za posledních dvacet let jsme pozorovali, jak tam prudce přibylo obyvatel. Malé barevné domečky a chatky pomalu mizí a nahrazují je výškové hotely. Už to není ono.

Když jsme byli ubytováni v jednom ze tří českých hotelů a chtěli jsme si během pobytu koupit byt, ráno jsem se podívala do bazénu a tam byl Walda a jeho syn! Byli přátelé s majitelem hotelu a Walda a jeho rodinu jsme tam pak vídali každý den. Nákup své první nemovitosti popsal takto:

......".Už jsme s Olinkou viděli asi 18 domů a pořád jsme si nemohli vybrat, ale pak jsme došli tam, kde teď bydlíme, rozhlédl jsem se a řekl:...Olinko, vezmeme tenhle, u dveří mají dokonce pantofle mé velikosti!"

V době, kdy jsme ho tam poprvé potkali, slavil šedesátiny. Od všech Čechů, kteří tam tehdy bydleli, dostal fax a já mu dala džbán na pivo (viz foto).

53

Olinka si pak většinu prací obětavě renovovala sama....Jednoho dne jsem se koupala v bazénu a majitel od ní dostal telefon:..."...Ať sem Milan rychle přijede, já liju beton na cestu a tvrdne to a není to rovné!...Prostě se do všeho pustila sama. A já jsem obdivovala, jak zvládá práci realitní makléřky. Zkoušky jsou tam fakt moc těžké .

Me, Walda, & his Son

Když jsme se rozhodli byt prodat, neváhala jsem Olinku požádat, aby nám byt prodala ona a vyřídila to dobře a rychle a nabídky jsme vyřizovali i po telefonu, když koncertovali v ČR. Volala mi kolem půlnoci, překvapilo mě, že je ještě vzhůru. Řekla, že jejich koncert skončil před hodinou a teď pracuje na realitách, přes den na to nebyl čas...

I teď, když jsem v důchodu a můj manžel před 10 lety zemřel, ráda jezdím na Floridu a vzpomínám na krásné časy, které jsme tam prožili. Je tam jen jeden hotel, který vlastní Češka, a až odejde do důchodu, pravděpodobně už tam nikdo nezbude, pokud své žezlo neprodá jinému Čechovi. V případě zájmu se ozvěte hned, prodávat se bude cca za 2 roky.

JAN KOHUT ŠAMPION

Mám ráda výzvy. A pokud je nemám, tak je vyhledávám .

Stále se ráda učím něco nového a to je také smyslem mého života.

Myslím, že proto jsme tu na světě, abychom se více vyvíjeli a posouvali dál.

Žiji v rezidenci Rosa pro seniory v Liberci už asi rok. Máme zde spoustu aktivit, které uspokojují mou touhu po změně a po něčem novém. Jsem tu šťastná. Je to prostředí přímo na míru pro mě.

Opravdu si užívám sochaření – práce s hlínou je velmi uklidňující, zejména pro hyperaktivní lidi, jako jsem já.

Nikdy jsem nebyla dobrá v kreslení, a teď mám příležitost učit se přímo od akademického malíře Jiřího Skleničky, který zde také bydlí a vede pro nás hodiny kreslení.

Výtvarné a řemeslné aktivity jsou pravděpodobně nejvíc zábavné pro lidi zde; když musíme něco dělat s korálky, je vždy plná knihovna kde pracujeme.

Diskuze o cestování a z různých destinací jsou také atrakcí pro mnohé z nás, i když jsem už sama cestovala víc než dost.

Kino v sále je bonus.

A pravděpodobně všichni potřebujeme lekce k procvičování paměti, i když ne každý chodí, ale měli by.

Mame tady vynikající masérku Marcelu Laurinovou, která je specialistkou v mnoha masážích. Dorneova metoda tady pomáhá všem co mají problémy s páteří.

Vytváříme si skupiny podle zájmů, máme také skupinu na poslech klasické hudby, nebo na hraní her, nebo na konverzaci v němčině.

Každý, kdo ještě může, se schází dvakrát týdně, aby cvičil na židli, a jednou týdně máme taneční lekce, které vede profesionální tanečník Jan Kohout.

To je pokračování castingové soutěže po seniorské StarDance, která se konala zde 4. září 2024.

Jan-Kohout (Ivana)

Aktivity jsou zveřejňovány na nástěnce – a tak to bylo i se seniorskou StarDance. Také jsem se přihlásila. Kdybych předem věděla, co se přesně bude dít, nikdy bych nenašla odvahu. Netančila jsem 60 let.

Castingu se účastnil Jan Kohout a téměř 20 z nás, seniorek 60+, se sjelo z celého Libereckého kraje. Po castingu poslali video do Prahy, kde porota rozhodla a vybrala dvě účastnice do finále StarDance. Byla jsem jednou z nich. Ani jsem tomu nemohla uvěřit. Asi jsem tam byla nejstarší – ve věku 74 let!

Měli jsme asi dva měsíce na to, abychom připravili tanec pro Stardance a Jan Kohout, profesionální tanečník, se stal mým učitelem.

Jan Kohout je pro mě dar od Boha.

Je asi jediný v mém životě, kdo mě dokáže učinit naprosto šťastnou, ani můj manžel to nedokázal. Dokáže ženě poskytnout úplnou bezpečnost, kterou jsem nikdy předtím nezažila. Mám stoprocentní důvěru, že zvládne jakoukoli situaci, a proto jsem s ním naprosto klidná a spokojená, i když jsem jinak hyperaktivní. Zlepšil se i můj fyzický stav. Za pouhé 4 týdny jsem zhubla 2 kg a 3 centimetry v pase. Teď se mohu bez problémů ohýbat a mám větší stabilitu v nohách díky tanci s otočkami. Častý pohyb (tanec) zlepšil můj spánek a cukrovku. Mám nižší hladinu cukru v krvi. A tanec určitě brání i rozvoji Alzheimerovy nemoci, člověk se musí soustředit na choreografii a otáčí se vlevo a vpravo, trénuje mozek a paměť.

Jan Kohout má dar od Boha.

Je to extrémně kreativní, citlivá a intuitivní osoba. Je jednoduše ESO ve svém oboru, je číslo JEDNA. Vždy jsem měla ráda profesionály ve svých oborech a on je ten nejlepší. Soutěžil s Karolínou Dvořáčkovou na MČR a ME a MS a vyhrál světový pohár v Praze 2024

Už se vám někdy stalo, že něco klaplo na první pokus? Prvním znamením bylo, že jsem během castingového kola dostala číslo 29. Zajímám se o numerologii – a dvě a devět jsou moje osudová čísla.

Okamžitě jsem měla pocit, že jsme se znali odjakživa, i když jsme se právě setkali a teprve začali společně tvořit. A věřím, že to dokáže i s ostatními, stejně jako se mnou. Dámy, tohle si nenechte ujít!

Je velmi cílevědomý a vytrvalý, a věřím v jeho silnou budoucnost. Na tanečním parketu dokáže nadchnout každého – a davy rychle rostou. Lidé se vracejí, noví přicházejí a zůstávají.

Je velmi zdvořilý ke všem ženám všech věkových kategorií, a také k tanečníkům na vozíku, které připravuje na šampionát České republiky.

Nikdy nezapomene tančit se všemi, které učí – při jakékoliv příležitosti. Je to jeho přirozená zdvořilost.

Se svými kvalitami a pohledem na život představuje dokonalého muže, o kterém jsem si až dosud myslela, že neexistuje. Ale on existuje! Jen je zatím jediný, kterého jsem kdy potkala.

Tančí jako Bůh.

Jan Kohout (Ivana)

Zkusila jsem s ním tančit jednou a nikdy nechci přestat! Dokáže vytvořit takovou atmosféru, že každý musí být nadšený tancem. Je jako magnet a přenáší to na ostatní. Ve třinácti letech byl mým idolem Karel Gott, ale teď, po setkání se zpěváky Gottem a Matuškou a v dospělém věku, je mým idolem Jan Kohout, a on je oba hravě strčí do kapsy. Myslím Gotta a

Matušku. Opravdu nevím, jak to ten kluk dělá ve věku 39 let. Vzbuzuje takový obdiv a úctu!

StarDance nám zaplatila sedm lekcí po 90 minutách. Ale protože jsem za posledních 60 let vůbec netančila, samozřejmě to nestačilo, a musela jsem si pár dalších lekcí zaplatit sama.

Chtěla jsem tančit cha-chu, ale dva páry z deseti, které se dostaly do finále, si ji vybraly také, takže to nakonec nevyšlo. Paradoxem bylo, že když jsem mluvila s oběma soutěžícími, které měly cha-chu, ani jedna ji vlastně nechtěla – jedna chtěla waltz a druhá, myslím, jive. Takže jsme nakonec každý tančili něco, co jsme původně vůbec neplánovali, ale moc na výběr jsme neměli.

Pro ty dvě soutěžící, které tančily cha-chu, rozhodl o tanci jejich profesionální tanečník – pravděpodobně to pro ně bylo nejvýhodnější. Výběr tance totiž závisel na tom, kdo z profesionálních tanečníků jako první zavolal zpět do StarDance s dohodnutým tancem. Teprve potom mu bylo sděleno, že stejný tanec už někdo jiný přihlásil před ním a že ho tedy mít nemohou.

Honza mi ale dovolil vybrat si – nenutil mě do žádného konkrétního tance. Nechal mě rozhodnout a souhlasil, že pokud cha-chu mít nemůžeme, bude salsa v pořádku. Mám ráda všechny karibské tance, takže jsem se s radostí naučila salsu.

První dva tréninky trvaly opravdu 90 minut, ale nebyla jsem vůbec ve formě a bylo to pro mě velmi fyzicky a psychicky náročné. Po hodině jsem nevěnovala pozornost tomu, co mi říkal, byl to takový příval nových informací, že to už můj mozek nezvládal. A fyzicky to bylo příliš. Tak jsme to rozdělili na 45 minutové tréninky a to bylo akorát. Jen Honza musel trénovat dvakrát častěji. Ale vždy se přizpůsobil času, i když se někdy musel ráno brzy vstávat, aby stihl všechno. A pořádně se nevyspal, protože měl akce až do pozdních nočních hodin, ale nikdy si nestěžoval. Až teď jsem teprve zjistila, že sám jezdil do Prahy na své tréninky, v únoru se zúčastnil

4 soutěží za 14 dní a v Lyonu získal první místo na evropském šampionátu! Takže není jen mistrem České republiky, ale také na špičce v Evropě!!

A věřím, že pokud by jel do USA, vyhrál by tam také! Je mezi nejlepšími na světě a nemyslím si, že si to někteří lidé zde vůbec uvědomují! Mám ohromné štěstí, že s ním mohu tančit, a nesmírně si toho vážím.

Začátky byly tak hrozné, že jsem se o něj opírala při každém kroku a otočce. Říkal, že ho používám místo chodítka – a oba jsme se tomu zasmáli. Tak to bylo až do šesté lekce. Bála jsem se, že mi řekne, že to opravdu nejde, a vyhodí mě ze svých služeb. Ale neudělal to.

Je nesmírně trpělivý, i když pravděpodobně nikdy předtím nezažil někoho jako jsem já. Málokdo začne znovu tančit ve věku 74 let. Nikdy mi ani nevynadal, i když jsem někdy dělala úplně hloupé věci – třeba když jsem nebyla schopná otočit se doleva, šlo to jen doprava.

Pak přišel zlom. Rozhodla jsem se, že to nevzdám, bez ohledu na okolnosti. Doma jsem trénovala otočky doleva i doprava klidně hodinu – a najednou si Honza všiml, že konečně dělám pokrok. Trénovali jsme jednotlivé části choreografie zvlášť, abychom zjistili, co fyzicky zvládnu a co už ne.

Před jedenácti lety jsem měla zranění, které zanechalo následky. Spadla jsem ze schodů – a to doslova, přes několik schodů. Natrhla jsem si hýžďový sval, ale k lékaři jsem s tím nešla. Nějak to srostlo samo, ale špatně. Několik let jsem s tím neměla větší problémy, ale pak to začalo a nebralo to konce.

Byly doby, kdy jsem měla pečovatelskou službu – nosili mi nákupy a jídlo, protože jsem nebyla schopná ani nastoupit po dvou schodech do autobusu. Chodila jsem o holi, někdy dokonce na dvou francouzských holích, abych ulevila kloubu.

Honza přizpůsobil celou choreografii tak, abych nenamáhala svou levou kyčli, protože to hodně bolí. Za to si zaslouží obrovský obdiv a poděkování!

Byla jsem stydlivá vystupovat před publikem, nikdy jsem to předtím nedělala. Připravil mě i na to. Nechal mě vystoupit ve své taneční síni před asi 30-40 lidmi kteří byli v tanečním sále ten den, abych si na to mohla zvyknout.

Musím říct, že první vystoupení bylo pro mě velmi stresující, ale skutečně to pomohlo, a pak ve Stardance v O2 Universum v Praze jsem měla jen přirozenou trému, ale ne úplný strach jako předtím. V tom tanečním sále to bylo pro mě tak stresující, že jsem udělala jednu otočku úplně špatně, ale on se okamžitě přizpůsobil a byl tam, kde byl potřebný, abychom mohli pokračovat v tanci. A nikdo si ani nevšiml, že jsem něco zpackala. Od té doby si vždy dává pozor na to, co v choreografii dělám v kterémkoli okamžiku, protože si nikdy není jistý.

S úsměvem se dívám na videozáznam a vidím, jak pečlivě sleduje, kam se otáčím, protože jsem nepředvídatelná... Ale vždy mě najde. Je to neuvěřitelná podpora a dává mi naprostý pocit bezpečí. Dokonale mě doplňuje – je tou částí, která mi chyběla v mé osobnosti. Má sebedůvěru, která mně chybí, a já si ji teprve začínám budovat.

Neměla jsem tušení, že mě to nadchne až tak moc. Ale po StarDance jsem se přihlásila na další taneční kurzy – Latino pro dámy – a pokračuji i v soukromých tanečních lekcích s Honzou. Připravuje mě na soutěže.

Stardance Finals 02 Universum Prague
1st place Bachata Liberec Cup
2nd place Salsa Liberec Cup

1st place Bachata Liberec Cup
2nd place Salsa Liberec Cup

Už jsme se zúčastnili Libereckého poháru, kde jsme získali zlatou medaili za bachatu a stříbrnou za salsu. Další soutěží bude Pražský Maestro Cup a příští rok bych se chtěla zúčastnit tanečního festivalu v Benátkách v Itálii. Udělám vše pro to, abych byla do té doby připravená na mezinárodní soutěž.

Jan Kohout(Ivana)

STÁŘÍ

Někteří se ho bojí, někteří se na něj těší...Ja se těšila. Je to jediné období v životě, kdy můžete dělat, co chcete. Můžete si udělat vlastní rozvrh, dokud se můžete o sebe postarat sami... Poté se musíte přizpůsobit ostatním, co vyhovuje jim, kdy mají chuť se o vás postarat, ano, je to placené, ale když je nedostatek pečovatelů, musíte vzít, co je k dispozici... Jak mi řekl přítel, nosila jsem růžové brýle, když jsem si myslela, že za placenou péči dostanu péči... Ne, nedostanete. Pokud budete mít štěstí, dostanete se do domova pro seniory (domov s pečovatelskými službami), kde můžete alespoň očekávat **pravidelnou** péči... Ano, vyperou vám ložní prádlo a můžete očekávat, že ho dostanete zpětvčas.

Jinak ne. Prý byste si měli koupit spoustu ložního prádla, tak , abyste mohli počkat, až vám to vrátí vyprané. (To je typická česká situace, na světě není nic podobného). A tak se ptáte: není lepší být už na druhé straně? Kde nejste nikomu na obtíž a naopak už tam máte většinu známých, kteří si tím prošli... Takže: těším se na druhou stranu a přeju si bezpečnou cestu!.

Ale díky zlomovému bodu v mém životě jsem se zúčastnila Stardance a od té doby se můj život změnil. Samozřejmě k lepšímu. Neumírám, naopak dál tančím! Dokonce i závodně! Moje nová etapa života začala! A je neuvěřitelně krásná!

V srpnu 2025 mě bude 75 let..

3 place Maestro Cup Salsa
3 place Maestro Cup Bachata

Bronze open Bachata Maestro Cup Pragne
Bronze open Salsa Maestro Cup Pragne

medals, diplomas, cups

medals, diplomas, cups

Můžete shlédnout vystoupení ve finále senior Stardance zde